하루

신동열

029
다시올시선

하루

신동열

다시올

■시인의 말■

강을 꿈꾸는 작은 물방울 하나

첫 시집 『하루』를 세상에 내놓으려니 왠지 부끄럽다. 얼굴이 발개져도 한 번 고개를 내밀고 싶은, 그런 수줍은 마음이다. 공자는 "사람은 시로 깨어나고, 예로 바로 서고, 음악으로 완성된다"고 했다. 삶의 운치가 갈대처럼 넘실댄다. 글은 육체 안에 잠자는 영혼을 깨우는 알람이다. 그 깨움에 시는 단연 백미다. 시는 몇 줄로 잠자는 감성을 흔들어 세우고, 세상을 걷는 지혜를 밝힌다. 그걸 알기에 시(詩)라는 이름을 붙여 세상에 내놓는 게 수줍고 부끄럽지만, '첫술' 이라는 수식어로 스스로 위안을 삼았다.

'첫술' 로 배부르진 않더라도 한 수저 두 수저 마음에 담으면 영혼이 조금은 풍성해지지 않을까 하는 작은 욕심이리라. 누구도 시인으로 태어나지는 않았을 테니, 『하루』가 나의 부족함을 조금씩 채워주는 스승이 될 수도 있겠다 싶었다. 시냇물이 흘러 강이 되고, 강이 흘러 바다가 되듯 말이다. 『하루』는 더 채우고, 더 흘러야 하는 작은 물방울이다.

30년 기자 생활이 습(習)이 되어서인지 시라는 글로는 곳곳이 부족하다. 풍성하기보다 메마르고, 품기보다 분해하는 데에 펜이 익숙한 탓이다. 이 또한 첫술이니 조금씩 시다운 시를 닮아가리라고 나 자신을 토닥인다. 일기는 혼자 품으면 그만이지만 세상으로 나온 글은 저자에게 영광인 만큼 부담이다. 『굿바이 논리야』 『내 인생 10년 후』 『구겨진 마음 펴기』 세 권의 책을 썼지만 시는 또 무게가 다르다. 세상에 내놓지 못하고 수년을 서랍에만 묵혀둔 이유다.

시의 영토로 발길을 내딛게 디딤돌을 놓아주신 송기남 선배님께 감사드린다. 거친 돌을 옥처럼 품어주시고 모자람을 넘치게 채워주신 다시올문학 김영은 대표님에게도 진심으로 고마움을 전한다. 늘 옆에서 응원해주는 아내가 있기에 부족한 글이 세상에 나왔다. 고마움을 함께 전한다.

햇볕 따사로운 10월의 어느 날에

신동열

■ 차례 ■

2부

달빛을 걸으며

3부

물처럼 바람처럼

4부

거울을 비추며

■ 차례 ■

5부
견디고 피는 꽃

■ 작품해설 ■

제1부
여전히 두근대니

참새와 허수아비

허수아비도 참 적적했을 거야
주인 떠난 들판 혼자 지키려니
눈치 빠른 참새 그 맘 알았는지
허수 어깨에 사뿐히 내려앉았지

처음엔 당황하고 좀 어색했을 거야
쫓고 쫓기는 둘 이리 붙어있으니
몸이 닿으면 마음 절로 이어지지
손잡는 건 마음 잇자는 몸짓이고

세상 들판 넉넉하고 포근한 것은
나와 다른 너를 감싸기 때문이지
맘이 허전하면 멀리 들판을 바라봐
따스한 느낌 마음으로 전해오거든

양화대교

얽히고설킨 사연들
1048미터 다리를 오간다

한겨울 함박눈에 섞여
콘크리트에 수북이 쌓이고
한여름 소나기에 스며
바닥을 축축이 적신다

봄날 아지랑이에 실려
허공으로 흩어지고
가을 햇살에 기대
난간 위에서 반짝인다

다리에 매달린 사연들
하나둘 강으로 떨어진다

어느 사연은 바다로 흘러가고
어떤 사연은 다리기둥을 맴돈다

1분이면 지나갈 지척에
형형색색 사연이 나부끼고
삶은 오늘도 다리를 건넌다

추모공원

삶과 죽음이 만나는
양지바르고 고즈넉한 언덕
명절이라도 될라치면
산 자가 소풍객처럼 넘치고
삶이 바쁜 그저 그런 날에는
망자 홀로 몇 뼘 땅을 지키지

야속한 세월은 때론 약이 되는 법
묘지 어디에선 애절히 울부짖고
어디선 간간이 웃음소리 들려오니

산 자와 죽은 자의 숱한 사연도
오랜 세월 섞여 돌고 또 돌면
무수한 추억 지난 얘기 되고
삶과 죽음도 어느새 곁에 서지

고향

늘 그립다는 건 과장이지
우리네 마음이 분주해졌거든
도회지 골목길 헤집고 다니면
아련한 추억 더 아득해지지

그래도 잊었다는 건 거짓이지
추억 뛰놀던 운동장 눈에 선하고
친구 웃음소리 귀에 쟁쟁한데
그리 쉽게 잊힐 순 없는 거지

아니, 그건 잊을 수 없는 거지
지난 얘기 어제인 듯 아른대고
오늘 얘기 새록새록 피어나니
잊자 해도 잊을 수 없는 거지

사모곡

당신은 자식을 평생 품으셨습니다
바람에 흔들릴까, 험한 길 넘어질까
노심초사 두 손 꼬옥 잡으셨습니다

자식이 이제 당신을 마음에 심습니다
가슴에 담아 그 은혜 무럭무럭 키우려고
눈물로 하염없이 물을 줍니다

깊이 심습니다
바람에 날리지 않고, 강물에 떠내려가지 않고
세파에 흐려지지 않고, 세월에 잊혀지지 않게
꼭꼭 눌러 당신을 깊이깊이 심습니다

깍두기

아삭아삭
음식점에서 깍두기 먹다
어머니가 겹쳐 눈가에 고인 눈물
아내가 보고 말았네

싹둑싹둑
남편의 그 맘 알았는지
아내가 부엌에서 무를 자르네

모양새 우습고
손놀림 어색해도
그 모습 그리 정겹네

어머니의 손맛
내 잊을 순 없어도
투정은 말아야지

아내의 손맛
조금 달릴지 몰라도
그 마음 이리 따스하니

옥수수를 품고

아내가 옥수수를 좋아한다
초콜릿처럼 달콤하지 않아도
사과만큼 상큼하지 않아도
깊고 은근한 담백함이
집사람 입맛을 유혹하나 보다

우리 동네 대형마트 건물 옆
달랑 비막이 파라솔 아래서
칠순 노인이 옥수수를 판다
옥수수 옆에서 붕어빵 뒤집는
노인의 손가락 마디마디엔
삶의 고단함이 주렁댄다

어쩌다 옥수수 몇 개 사 들고
집에 오는 길은 발걸음이 빨라진다
전자레인지 몇 바퀴 휘~익 돌리면
식은 옥수수 금세 따뜻해지겠지만
그래도 온기 식을까 하는 마음에
손가락에 매달린 봉지 가슴에 대어본다

어쩔 땐 이런 마음 헤아리는지 궁금하고
가끔은 이런 맘 알아달라 보채고 싶지만
가슴에 와닿는 옥수수의 따스함으로
내 마음 이리 포근히 데워졌으니
그럼 됐지, 그까짓 궁금증쯤이야

추억

추억이 좋은 건 좀 멀어져도
늘 그 자리에 있기 때문이지

추억이 그리운 건 그 자리에 있어도
거기에 머물 순 없기 때문이지

추억이 애틋한 건 눈앞에 아른대도
그곳에 다가갈 수 없기 때문이지

추억이 소중한 건 아득한 시간을 타고
우리가 하나 되기 때문이지

그리움

멀어져도 아련히
가슴에 꽂히고

눈감아도 선하게
뜰 앞 서성이네

동트면 햇살 타고
눈부시게 쏟아지고

해지면 살포시
달에 걸터앉네

움켜쥐면 도망치고
다가가면 달아나도
마음 가득하니

퍼내도 퍼내도
마르질 않네

그대라서

울퉁불퉁 세상 길
두 손 잡고
함께 걷는 그대라서

주름진 영혼
함박웃음으로
마음 꽃 피우는 그대라서

묵직한 삶의 무게
뒤에서 슬며시
들어주는 그대라서

주춤대는 발걸음
등 토닥여
용기 주는 그대라서

주저앉은 마음
손 내밀어
잡아주는 그대라서

멀리 있어도
눈앞에 가득한 그대라서

마음이 향기로운 그대라서
마음에 빼곡한 그대라서

마음

어제는
저만치에 서 있었는데

오늘은
바로 곁에 앉아 있으니
내일은 어디를 서성댈까

곱디고운 하늘
유혹하는 바람

이 가을 아리송한 마음과
숨바꼭질 좀 해야겠다

문고리를 잡고

한 점 바람에 실린 마음이
종일 광활한 허공을 맴돈다
한낮 태양 여전히 뜨겁고
마음 역시 노을처럼 붉다

이리저리 떠도는 상념
아직 나래를 접지 못했다
마음은 노을로 붉게 물들어도
수줍은 속내는 여전히 새색시

불그레한 그 마음
살며시 문고리를 잡는다
혹여 마음 저편과 마주칠까
밀지도 당기지도 못하고
문고리에 달랑 매달려 있다

사랑이 오는 걸

갑옷 입고
방패 들고 지켜도
막을 순 없지

시선 피하려
먼 산 바라보면
산등성에 걸터앉고

잊으려
눈 감으면
어둠 타고 오니

철옹성도 어쩌질 못하지
슬쩍 들어와 턱 자리 잡으니

그게 오는 걸
누구도 어찌하질 못하지

여전히 두근대니

화려하게 피어본 적 없는
꽃이 어디 있고
가슴 뛰는 청춘 없는
노년은 또 어디 있겠는가

꽃은 화사해야만 꽃이 아니고
인생은 청춘에만 머물지 않으니
화려함이 짧다 한숨짓지 말고
청춘이 덧없다 눈물짓지 마라

피고 지고, 차고 기울며
만물의 형상 온전해지듯
꽃이 지면 푸르른 잎이
잎이 지면 가지가 당신이니

이별로 눈에서 아득히 멀어져도
추억 새록새록 가슴에 쌓이고
세월로 이마 주름 깊어져도
마음속 소녀는 여전히 설레니

목에 걸렸네

턱, 하고 목에 걸렸네
그립다는 그 말
보고 싶다는 그 말

뱉으면 되레
그리움 쪼그라들까
엉거주춤
걸터앉고 말았네

뱉을까 삼킬까
목젖은 여전히
달삭거리지만

거기 걸터있으니
내 맘 오늘도
허전하지 않아 좋네

누가 오시나보다

구석에서 코 골던 청소기
황급히 윙윙거리는 소리

오합지졸 냉장고 반찬통
후다닥 자리 맞추는 소리

소파에 드러누운 옷가지
다급히 장롱으로 숨는 소리

욕실 모퉁이 살짝 찌든 때
급히 물에 씻겨내리는 소리

우왕좌왕 방향 잃은 신발들
가지런히 짝 맞추는 소리

목말라 고개 숙인 베란다 꽃
벌컥벌컥 물 마시는 소리

헐레벌떡 대열 갖추고는
시치미 딱 떼는 소리

아마, 누가 오시나보다
누가 급히 오시나보다

제2부
달빛을 걸으며

달빛

어슴푸레 달빛이 곱다
태양처럼 빛나진 않지만
어두운 밤길 비추기엔
은은한 달빛이 맞춤이다

만물 비추겠다고 뽐내는
두둥실 보름달 정겹고
밝음이 숨어 수줍은
눈썹 닮은 초승달 살갑다

만 갈래 세상 길이 어디
휘영청 밝기만 하겠는가

이길 저길 걷다 보면
등 뒤 고요한 달빛이
눈 부신 햇살보다
발길에 편할 때가 있나니

전 냉이예요

저는 냉이예요

입맛 나른한 봄날
누군가의 국으로 들어가
상큼한 향기로 꽃소식 알리고
누군가의 무침으로 섞여
쌉쌀함으로 입맛 돋우는
저는 키 작은 냉이예요

저도 평생 앉아있지만은 않아요
사람들 입맛에 봄소식 전하면
까치발 딛고, 꽃도 피우거든요
'나 여기 있다' 손짓하고
'나 좀 봐달라' 목도 조금 빼고
'나도 꽃이다' 목청도 키우고요

무르익은 봄날 들판 거닐다
혹여 훌쩍 커버린 저를 보면
국으로 들어가 나른한 입맛 돋운
제 어린 날도 기억해주면 좋겠어요
사람들은 너무 쉽게 잊잖아요
고마운 마음, 감사한 추억을요

마지막 잎새

한때는 무성했으리라
넉넉한 그림자 드리워
지친 삶 쉬게 하고
어린 열매 다칠까
노심초사 보듬었으리라

한때는 다정했으리라
또래 친구 옹기종기 모여
가지 스치는 바람에 깔깔대고
세상 고요히 잠든 밤에는
손가락 모아 별도 헤아렸으리라

어쩌다 홀로 남았으리라
친구 하나둘 바람에 날리고
친구 셋 넷 땅으로 떨어져
외로이 걸터앉았으리라

덜렁 매달린 잎새 하나를
무심히 절망이라 부르지 마라
딱지가 져야 새살이 돋고
잎이 대지로 내려앉아야
새싹이 고개를 내미니

시인과 나무

나무는 시인이라 했지
들려줄 얘기 참으로 많으니

가지에 걸터앉은 구름과 세상 얘기
밤하늘 아롱대는 별과 우주 얘기

봄 여름 가을 겨울 사계의 얘기
희로애락 생로병사 인간의 얘기들

내 안에도 근사한 시인이 살지
나도 하고 싶은 얘기 넘쳐나거든

길거리 풍경 한 점, 갈림길 갈등 하나
세상사 흔적이 모두 내 얘기니까

나무에 비스듬히 기대 얘기 좀 들어봐
내 삶까지 들려주면 멋진 시가 될 거야

가을

잉크처럼 검은
새벽의 어둠을
여명이 기웃대고

어둠 속 칠흑은
한 줄기 햇살에
슬며시 색을 바꾼다

영원히 머물 듯한
사랑은
한 조각 마음에
긴 흔적을 감추고

끝이 아득했던
뙤약볕은
한 가닥 바람에
열기를 떨군다

수줍은
여름의 꼬리에
가을이 대롱댄다

향기가 나풀대고
잎새가 흔들대고
마음이 살랑대고

여기도 저기도
사방이 온통
가을, 가을이다

시간의 발자국

꼬마 동심에
그놈이 너무 느렸다
걸어도 언제나 그 자리

느려도, 좀 빨라도
쉬지 않는다는 걸
그땐 철없어 몰랐다

꽁꽁 언 줄 알았던 그놈
어느새 뒷산에 올라
잠자는 진달래 깨우고
아직 졸린 새순 토닥인다

제자리인 줄 착각한 그놈
성큼성큼 멀리까지 왔다
내 인생 가을 문턱에
그놈이 턱 하니 버티고 섰다

열고 닫고

매미가 나뭇가지를 떠나
창가에서 목청을 높인다

아랫집 누구는
한밤중 잠을 설친다며
서둘러 창문을 닫고

윗집 누구는
짧은 삶이 구슬프다며
슬며시 마음을 연다

닫는 자와 여는 자
같은 노랫말도
사뭇 다른 곡이 된다

눈을 기다리는 마음

제 목소리 키우는 사람들로
온 세상 시끄러운 줄 아는지
간밤에 그리 쌓이고도
소리 한 점 남기지 않았네

속세에 날리는 잡티들로
온 세상 뿌연 줄 아는지
어둠에 그리 내리고 내려
흙빛 대지 은빛으로 덮었네

이리 가르고 저리 갈라
여기저기 금 간 줄 아는지
산과 들 가리지 않고
온전히 하나로 보듬었네

우리가 눈을 기다리는 건
태초의 나로 돌아가려는
세상의 때를 벗어보려는
그 옛적 원초적 순수함이
아직 숨 쉬기 때문이지

흔적

꽃이 진 자리에
덜렁 자국 하나 남는다

사랑 떠난 자리에
외로이 그리움 한 점 아른댄다

인연 흩어진 자리에
홀로 미련 한 알 서성인다

오늘이 지나간 자리엔
훗날 어떤 흔적 남을까

둘이라서

닿지 않는 그리움
서로 손 맞잡으니
마음 따뜻해 좋고

울퉁불퉁 세상 길
네 발로 나란히 걸으니
삶에 웃음꽃 피워 좋고

시름 깊어진 삶
서로 눈길 마주치니
두 마음 이어져 좋고

맘 둘 곳 없는 외로움
서로, 서로를 보듬으니
영혼에 온기 돌아 좋네

하나가 아닌 둘이라서
홀로가 아닌 우리라서
고독이 아닌 함께라서

그럴 땐

좀 망설여진다 싶을 땐
내딛는 게 맞는 거예요
첫발이 가장 무겁거든요

좀 아깝다 싶을 땐
나누는 게 맞는 거예요
그럼 맘이 참 편하거든요

좀 화난다 싶을 땐
참는 게 맞는 거예요
인(忍)이 모여 인품이 되거든요

좀 끼어들고 싶을 땐
한 박자 쉬는 게 맞는 거예요
숨 고르면 다툼이 적거든요

좀 고개 들고 싶을 땐
숙이는 게 맞는 거예요
그럼 절로 높아지거든요

어깨동무

그건
덜렁
손만 얹은 게 아니다

그건
무심코
옷깃 둘 스친 게 아니다

그건
어쩌다
어깨 둘 맞닿은 게 아니다

그건
마음을 잇고 꿈을 나눈
작은 몸짓이다

마음의 창

하늘이 유난히
고운 날이 있다
어제 그 하늘이지만
마음이 고와진 까닭이다

하늘 흐려도
세상이 맑은 날이 있다
마음의 찌꺼기
씻겨 내려간 까닭이다

하늘 푸르러도
마음은 흐린 날이 있다
영혼의 불순물
푸름을 가린 탓이다

하늘이 맑아도
마음은 탁한 날이 있다
웅크린 심술
청명함을 덮은 탓이다

제3부
물처럼 바람처럼

물처럼

부딪쳐도
상처 주지 않고
낮은 곳
외면하지 않고

너에게 맞춰도
나를 잃지 않고
나로 살아도
나만 고집하지 않고

올려다보지 않고
낮은 데로 흐르고
흐려지면 고요해
스스로 맑아지고

고개 치켜들고
시비로 가르며
나만 옳다는 세상
가끔은 물처럼

바람처럼

가두지 않고
갇히지 않고
산 바다
가리지 않고

부드러워도
유약하지 않고
강해도
거만하지 않고

수고롭다
발길 아끼지 않고
귀찮다
한 곳 머물지 않고

우물 안 개구리
대롱으로 하늘 보고
가두고 갇히는 세상

때로는 바람처럼

익어가는 감

감 하나 땅으로 떨어진다
부여잡을 힘이 쇠해서가 아니라
놓아야 할 때를 안 때문이다

인간보다 조금 높은 곳에서
평생을 굳게 매달려 산 감은
세상을 내려보며 깨달은 거다

생명이 있는 우주의 만물은
손에 쥔 걸 언젠가 놔야 하고
채우고 비우는 때를 아는 게
진정 익어가는 삶이라는 것을

보름달

기울어 보고 차도 봤으니
차고 기우는 세상의 이치
별들과 손잡고 헤아렸겠지

둥글게 차면 다시 기울고
비우면 다시 가득해지는
돌고 도는 자연의 섭리를

어찌 밤낮으로 둥글기만 할까
우리도 달도 우주의 자녀이니
차고 기울며 그렇게 도는 거지

은하수 촘촘한 하늘
저리 둥글고 저리 가득하니
우리네 맘도 덩달아 둥실대네

조금 기울면 어떠한가
다시 차 둥글면 되는 거지
차고 기우는 이치도 알았으니

하루

햇살 눈부셔 행복 쏟아지고
함박눈 세상 덮어 마음 포근한 날

먹구름 하늘 가려 마음 흐려지고
폭풍우 몰아쳐 길까지 아득한 날

가족이 함께 있어 방안 훈훈하고
벗이 곁에 있어 영혼 따뜻한 날

준비 안 된 이별로 가슴 공허하고
예고 없는 떠남으로 삶이 허무한 날

곡절 많은 날들이
그렇게 오고 그렇게 간다

하루라 불리는 작은 인생이

세월

백 년 소나무
푸름을 토해낸다

가쁜 숨 뱉어내고
희로애락 털어낸다

초록 벗겨진 자리
누런 빛 차고 든다

그 아래
돌맞이 소나무
슬쩍 까치발 든다

피고 지고

엊그제 품은
언감생심 그 꿈
오늘 들꽃으로
흐드러지게 피었네

휘청이다 일어서
들판 환히 밝히고
눈부시다 싶으면
그늘 살짝 껴안네

누가 내일을 알고
누가 모레를 알까

햇살 머금은 들녘
피고 지고, 지고 피며
바람개비처럼
휘리릭 돌아가니

그런 거지

잠깐 스쳐도 진한 향기가 있고
오래 머물러도 옅은 향기가 있으니
인연이 그런 거지

뜨거울 땐 영원할 듯싶어도
식으면 칼처럼 차가우니
사랑이 그런 거지

언제나 그 자리인 듯해도
세월에 흔적 옅어지니
추억이 그런 거지

언제나 파릇한 청춘인 줄 알지만
어느새 붉게 익어가니
삶이 그런 거지

인생이 그런 거지
그렇게 오고, 그렇게 가는 거지

너무 묻지 않기

피부색 왜 다르냐고
캐묻듯 따지지 않기

언어 왜 다르냐고
의아한 듯 쳐다보지 않기

생각이 왜 다르냐고
따지듯 추궁하지 않기

가는 길 왜 다르냐고
고개 저으며 되묻지 않기

신(神)이 왜 다르냐고
성내며 삿대질하지 않기

죽으면 만물이 하나고
삶은 서로 다른 것이니

노을

혼탁한 세파, 인간의 탐심으로
그 빛 탁할 만한데
뒤태 여전히 곱다

속세의 먼지, 인간의 이기로
그 빛 흐릴 만한데
속내 여전히 붉다

열정을 그리 불태우고
하루를 그리 비췄으면
이제 좀 식을 만한데
그 마음 여전히 뜨겁다

매달린 세월

수양버들 옥수수수염 가지에
세월이 빨래처럼 널려 있네

견뎌온 세월, 흥겨운 세월
지난 삶 그리 짧지 않으니
줄기줄기 매달린 세월의 흔적
자기 무게 못 이겨 고개 숙이고

살포시 들추지 않으면
누구도 그 속내 모르지
사랑에 어떤 곡절 있고
웃음에 어떤 슬픔 있는지

한 해 두 해 가지 뻗어가며
수양버들 나이 들어가고
한 해 두 해 사연 쌓여가며
세월도 나이를 먹어가지

늙은 수양버들 자태 고운 건
삶의 내공 그득한 때문이고

개나리

물가의 개나리
노란 자태 뽐낼 때
그땐 잘 몰랐다
사이사이 어린 잎새
고개 빼꼼 내미는 걸

그 물가 그 개나리
오늘은 연둣빛이 곱다

연둣빛 품은 개나리
노란 빛깔 고와지고
노랑 껴안은 이파리
그 잎새 더 파릇하다

잎이 친구라서
꽃이 더 화사하고
꽃이 곁에 있어
잎이 더 푸르르다

구겨진 마음 펴기

첫 결은 참 고왔어
솜사탕처럼 부드럽게
모두를 포근히 감쌌지

첫 마음은 참 맑았어
연잎 올라앉은 물방울처럼
티끌 하나 내려앉지 않았지

첫 뜻은 참 굳셌어
세파가 모질게 흔들어도
내 길 가겠다 마음먹었지

세상은 만만치 않았어
굽은 세상 길 걷다 보니
마음도 따라 휘어지고
속세에 날리는 먼지로
물방울 영롱함도 흐려졌지

이리저리 구겨진 마음
먼지 가득 내려앉은 영혼
갈대처럼 흔들리는 초심
다시 처음으로 돌아가고파

오롯이 되돌릴 순 없지만
흔적 없이 펼 수도 없지만
구겨진 마음, 먼지 낀 영혼
훌훌 털어 빨랫줄에 널고
햇볕의 힘찬 기운 쬐려 해

물방울

무엇을 머금었기에
속이 저리 영롱할까

어떤 설렘이기에
맘이 저리 살랑일까

섣부른 호기심으로
그 속 들추지 마라

무심한 바람결로
그 설렘 날리지 마라

영롱하고 설레는 순간
삶에 너무 짧지 않은가

작은 주님

하느님을 믿는 자에겐
주님의 품만큼
은혜롭고 포근한 곳은 없지

안식처가 있다는 평온함
의지할 수 있다는 위로감
원죄가 사해졌다는 안도감

주님의 품은
바다보다 넓고
봄볕보다 따스하지

위로하고, 위로받고
용서하고, 용서받고
삶의 방정식은 간단해
서로 주고받는 거지

우리네 인간 품을
주님에 견줄 순 없지만
따뜻하고 넉넉하면
우리 또한
'작은 주님' 이지

청춘

한때는 그게
나이의 구간인 줄 알았지
스물과 서른 사이
아니면 서른과 마흔 사이

좀 살다 보니 보였지
그건 세월의 어디가 아니라
마음의 어디란 게

청춘으로 사는 노년은
늙어도 꿈으로 설레고

노년으로 사는 청춘은
젊어도 영혼이 말랐지

나이든 청춘, 젊은 노년이
분주히 섞여 걷는 세상이니
가볍게 나이를 묻지마라

자칫
꿈꾸는 청춘을
노년으로 오해할 수 있으니

멀어진 순수함

육체에 내려앉은 먼지
나뭇잎 사이 바람이
대기로 날려버려 줄까

마음에 눌어붙은 찌꺼기
졸졸 흐르는 시냇물이
강물로 씻어내려 줄까

영혼 덮은 속세의 티끌
늦가을 회오리바람이
하늘로 감아올려 줄까

태초의 순수함
세월이란 시간을 타고
처음 시작된 그곳에서
이리 멀어졌으니

제4부

거울을 비추며

빨래터

터줏대감 앞산
살가운 햇볕을 품고
졸랑졸랑 개울물
소곤대며 지나가는
목가적 풍경이
전부는 아니었다

마음에 얹힌 먼지
서로 맞잡아 훌훌 털고
영혼에 달라붙은 찌꺼기
개울물에 흘려보내며
육체에 매달린 욕심
방망이로 두들긴
그건 '정화의 공터'

발로 차고 혀로 찌르며
타인을 겨냥한 삿대질
칼날처럼 시퍼런 세상

그건 어쩌면
우리 마음속 정화의 공터가

부지불식간에
사라진 탓은 아닐까

낙지와 인간

칠흑처럼 깜깜한 땅속
사방 세 치 공간이
그에겐 삶이자 자유였다

어느 날 불쑥 내리뻗은
인간의 탐욕이
그 자유, 그 삶을
무심히 낚아 올렸다

불판에 팽개쳐진 비운
비틀린 운명을 풀려고
그가 몸부림을 친다

처절한 몸짓을 지켜보며
인간은 나름 셈을 한다
힘이 저리 넘치니
사람 몸에도 참 좋겠다고

가혹한 운명을 마주하는
인간의 한없는 가벼움

그래도 으스대며 산다
'만물의 영장' 이라는
완장을 두른 채

버섯

작다고 깔보지 마세요
저도 누군가에겐 지붕이고
누구에겐 그늘이니까요

구중궁궐 기와지붕만이
비를 가려주지 않고
아름드리 느티나무만이
그늘을 만들어주진 않아요

길 가다 비 만난 개미에겐
제가 든든한 우산이 되고
날갯짓 지친 나비에겐
푹신한 의자가 되지요

만물은 모두
누군가의 지붕이고 우산이에요
지치고 고된 세상 길엔
작은 그늘도 큰 힘이 되잖아요

채우고 비우기

창가에 오순도순 기대앉은 햇살
노을 지면 스르르 꼬리 감추고

가지에 재잘재잘 매달린 잎들
찬바람에 살포시 땅으로 내려앉고

검은 머리 휘날리던 원기 왕성 청춘도
세월에 듬성듬성 은빛 물결 넘실대지

세상은 채우고 비우는 모래시계
산다는 건 그걸 알아가는 수양

별이 사라지네

별 하나 가슴에 담네
태양만큼 빛나지 않지만
반짝반짝 생각을 밝히네

별 둘 눈에 넣네
서로 빼닮지 않았지만
소곤소곤 밤새는 줄 모르네

별 셋 마음에 심네
고향 서로 다르지만
옹기종기 놀이터 되네

세상 탁해지니
별 하나둘 흐려지고
별 셋 넷 멀어지네

마음에서 별이
그렇게 하나둘 사라지네

우는 연유

세상 곳곳 청진기 대면
여기저기 울음소리 들리네

한 번 집 나간 뒤
영영 돌아오지 않으니
기다리다 지쳐 양심이 울고

한 번 굳게 닫힌 문
빗장 끝내 풀리지 않으니
두드리다 힘들어 마음이 울고

속세에 날리는 먼지들
뿌옇게 내려앉으니
육신이 답답해 영혼이 울고

세상 모난 모서리에
이리 찔리고 저리 찔리니
온몸 상처가 아파 진실이 우네

이중잣대

넉넉한 자로 재니
나는 늘 넉넉하고
부족한 자로 재니
너는 늘 부족하지

그건 당연하지
길이 같아도
눈금 다르면
수치 바뀌니까

참 이상하지
잣대가 하나면
너와 나 견주기 편하고
어긋남도 적을 텐데

왜 굳이
가지고 다니기 불편하고
잴 때마다 헷갈리는
두 개의 잣대를 쓰는지

가라사대

태초가 가라사대
선(善)은 은밀히 숨어도 향기 그윽이 퍼져나고
악(惡)은 깊숙이 감춰도 악취 절로 새어나나니

오른손 가라사대
나의 선함 왼손이 몰라도 선은 대대로 복이 되고
나의 악함 왼손이 가려도 악은 자자손손 화가 되나니

세상이 가라사대
자신의 조약돌만 한 선행 우렁차게 나팔 울리면
굉음에 놀라 뜻에 금이 가고
타인의 좁쌀만 한 허물 세상 만방에 고하면
그 허물 당신 게 되나니

정말 크면

세상 이치란 게 참 묘하지
정말 크면 되레 작으니

지구보다 백만 배 큰 태양
기껏해야 쟁반만 하고

손바닥만 한 선풍기 요란해도
지구 돌아가는 소리 고요하지

노랑 빨강 파랑 제 색 뽐내도
만물 감싼 대기는 색이 없고

알아달라 목 빼고 까치발 하는 건
실제 내가 생각보다 작은 탓이지

정말 크면 스스로 크다 하지 않아
눈치 빠른 남이 먼저 알아보거든

들판의 벼 하나둘 고개 숙이면
벼보다 우리가 먼저 알잖아
비바람 견디고 익어간다는 걸

개구리의 독백

사람들이 제게 말하죠
'네가 뛰는 방향은 알 수 없다' 고요
근데 참 이상해요.
제 눈 두어 번 마주치고
제 몸짓 두어 번 살피면
제가 어디로 뛸지
얼추 알 수 있는데 말이에요

가끔 이런 생각이 들어요.
저야 개구리니 그렇다 쳐도
혹여 사람들끼리도
눈 두어 번 마주치지 않고
몸짓 두어 번도 살피지 않고
'넌 참으로 알 수 없다' 며
고개 갸우뚱거리고
의아한 표정 짓지 않을까 하는

우물에서 하늘만 올려다본
소견 좁은 저의 기우겠지만
제가 좀 살아보니
기우가 기우만은 아니더라구요

성현의 말씀

공자가 말했다
말이 현란하고 얼굴빛 꾸미는 자는
인(仁)함이 드물다고

맹자가 말했다
자신을 업신여기면 남도 나를 업신여기니
스스로를 귀히 여기라고

묵자가 말했다
물에 비추면 자기 얼굴 하나 보이지만
사람에 비추면 길흉화복이 다 보인다고

이천 년 묵힌 말이 갓 꺼낸 김치처럼 맛이 새롭다
그리 보면 위대한 말씀은
풍파로 낡지 않고 세월로 늙지 않는다

메아리

그도 처음에는
자기 목소리 내고 싶었을 거다
어쩌다 한두 번 남 흉내 내다
자기 소리 잃어버린 건 아닐까

그도 순간순간
먼저 외치고 싶었을 거다
한데 이리저리 눈치보다
평생 끌려다니는 건 아닐까

그도 때로는
침묵하고 싶었을 거다
무심코 떼 지어 몰려다니다
자기를 그만 잃어버린 건 아닐까

하루살이

허공에 두 손 휘둘러
무심히 목숨 거두지 마라

백 년도 짧다며
불로초 구하는 인생

세상에 왔으니
그도 반백 년쯤은
살아야 되지 않겠나

미안하다는 그 말

왜
머금고 있을까

뱉으면
참 시원할 텐데

미안하다는
그 말

갈라진 세상

백이 흑보다 선하고
흑이 백보다 악하다는
케케묵은 이분법

빨강은 뜨겁고
회색은 미지근하다는
아주 오래된 색깔론

빠름이 느림보다
늘 먼저 도착한다는
착오적인 계산법

오뉴월 가뭄에
쩍쩍 갈라진 논바닥처럼
이리 가르고 저리 갈라
상처투성이인 세상

굽은 연유

굽었다고
비웃듯 얕보지 마라
굽었기에
그대가 어깨를 편다

주렁주렁 매달린 대추
누렇게 익어가는 벼
자식 품다 고개 숙인 허리

자신은 굽어가며
아낌없이 내어주기에
그대가 꼿꼿이 세우고
제 잘난 체 세상을 걷는다

내게 묻는다

오늘이 내게 묻는다
너는 누구냐고
희미한 형체
여기저기 아른대지만
그게 뭔지 아리송하다
나는 누굴까

현실이 내게 묻는다
냉엄한 벽은 넘어봤냐고
마주 봤는지 외면했는지
퍼즐들 어지럽지만
그게 잘 맞춰지지 않는다
현실이 나를 응시한다

과거가 내게 묻는다
살아온 삶에 만족하냐고
삶의 흔적들
곳곳에 널려 있지만
주저함이 고개를 내민다
어제의 거울에 내가 스친다

미래가 내게 묻는다
살아갈 날은 어떠하겠냐고
늘 내일을 꿈꾸지만
순간 답이 턱 막힌다
닦아도 희미한 거울이
불쑥 내 앞에 다가선다

몇 가지 궁금증

세상 살다 보니
궁금한 게 생겨요

물질이 커지면
행복도 커지는지

이웃과 나누면
내 것은 작아지는지

서둘러 가면
꼭 먼저 도착하는지

고개 숙이면
스스로 낮아지는지

조금 양보하면
뒤로 밀리는지

수학과 과학이
지배하는 세상이지만
통념적 공식이란 게
어긋날 때가 많아서요

뒤태

누군가 궁금하면
뒤태를 봐야 해요
앞태는
자주 속이거든요

용기가 궁금하면
발길을 봐야 해요
말은
자주 앞서거든요

진심이 아리송하면
마음을 봐야 해요
얼굴빛은
자주 꾸미거든요

속내가 아리송하면
안을 봐야 해요
겉은
자주 딴 표정 짓거든요

제5부

견디고 피는 꽃

매달린 운명

천 길 낭떠러지
숨막히는 바위 틈새
꽃 하나 달랑 매달려
계곡을 하늘처럼
올려다본다

현기증 난다고
몸부림이라도 치면
매달린 생명줄 끊어질까
숨죽인 채 숨만 내쉰다

살랑대는 바람 시원하다고
들판의 꽃들 벙실대지만
흙 몇 톨에 운명을 맡긴 꽃에겐
생명의 뿌리를 뽑는 허리케인이다

가끔은 바쁜 걸음 멈추고
거꾸로 매달린 꽃을 올려다봐라

누가 알겠는가
그대의 따뜻한 시선이

한 줌 흙에 몸을 맡긴 꽃에겐
운명을 버티는 힘이 될지를

견디고 피는 꽃

꽃이 아름다운 건
견디고 피기 때문이지
담장 옆 고개 내민 매화
엄동설한 추위 견디고
길가에 수줍은 민들레
무심한 인간 발길 견디지
무덤가 고개 숙인 할미꽃
세월에 아픈 허리 견디고
뜨락에 엎드린 씀바귀
속세의 무관심 견디지
우리 삶이 아름다운 것도
견디고 피기 때문이지
찬바람 불면 되뇌어봐
견디면 꽃이 피겠구나

아름드리

단박에 저리
우뚝 서지는 못했겠지
눈금 하나 눈금 둘
딛고 디뎌
한 뼘씩 높아진 거지

순간에 저리
크게 품지는 못했겠지
나이테 하나 나이테 둘
그리고 그려
한 치씩 굵어진 거지

단박에 닿는 건 꿈이 아니고
순간에 얻는 건 금세 달아나지

고향 마을 아름드리 정자나무가
말없이 자기 얘기를 들려주지

달팽이의 부산행

그건 큰 용기였어
서울에서 부산까지는
10m가 넘는 먼 여정
몸집조차 작은 달팽이가
아침 일찍 짐을 꾸렸지
짐이라곤 달랑 몸 하나

그의 용기에 박수를 치듯
아침 햇살은 참 눈부셨어
그래도 부산행은 벅찼지
산들바람에 걸음 흔들리고
한낮 땡볕엔 숨이 턱 막혔어
오가는 인간 발길은
목숨 노리는 저승사자였고

그래도 용기를 접지 않았어
가다 멈추고, 또 멈추고
길가 그늘에서 숨도 골랐지만
다시 한 발짝 앞으로 내디뎠어
해를 품은 해운대 저녁노을이
장하다고 어깨를 툭 쳐줬어

용기는 꿈을 거느리는 장수
그는 이제 울릉도행을 꿈꾸지
험하고 먼 길 달려본 자는
거친 파도가 두렵지 않으니

민들레의 독백

난 민들레예요

열정의 장미처럼 유혹적이지 않고
순결한 백합처럼 향기 나지 않고
고고한 난처럼 자태도 곱지 않은
난 그저 길가의 민들레예요

예쁘다 눈길 주고 곱다 손길 내밀 때
무심한 발에 밟힐까 조마조마 숨죽이는
난 논두렁 밭두렁 평범한 민들레예요

하지만 민-들-레는 귀한 제 이름이에요

바위 틈새 숨 조이는 가혹한 운명 견디고
꼭대기만 올려다보는 속세의 시선 참으며
나는 내 이름 민-들-레로 피니까요

개미

개미가 한 줌도 안 되는
흙 부스러기와 싸운다

그건 세상으로 나오려는 투쟁
나로 살려는 처절한 몸짓

인간에겐 터럭만 한 가벼움
개미에겐 바위만 한 무게

그 무게 견디고, 그 무게 이겨
개미는 세상을 본다

행여 그대의 무게로 타인 무게
멋대로 저울질하지 마라

혹여 갈 길 바쁘다고
그대 발길 무심히 내딛지 마라

잡초

그대는 어느 날
농부 손에 무참히 뽑혀
오뉴월 땡볕 내리쬐는
밭둑에 내팽개쳐졌지

죄목도 참 단순해
이름이 없다는 죄

밭둑에 머리 처박히며
그댄 이런 생각을 했겠지
이름 없는 게 왜 죄냐고

억울해도 악물고 견뎌봐
세상인심 박하지만 않으니
누군가 숨 헐떡이는 그대를
무명 산에 옮겨 심을지 모르잖아

그곳에선 어깨 펴고 걸어도 돼
누구도 '그대 이름' 묻지 않거든
그러니 힘내고 좀 견뎌봐
버티는 데는 그대가 최고니까

담대한 몸짓

용기 아니고는
감히 닿지 못할
아스라이 높은 곳

연어가
눈을 치켜뜨고
담대한 몸짓을 한다

그건
자신을 지키려는 자존
나를 세우려는 의지

혹여
잔물결에 마냥 출렁댄다면
연어의 힘찬 꼬리짓을 봐라

씨앗

나도 몰라요
내가 내일 뭐가 될지

하지만
두렵진 않아요
내가 이리 영그니

뙤약볕 견디고
비바람 이겨내
이리 야물었으니

경운기

삶을 실어나르는
소리가 요란하다

물 고인 웅덩이
뾰족 내민 돌부리
꼬불꼬불 비탈길

풍덩대고 털털거려도
삶을 실은 네 바퀴는
오늘도 돌아간다

삶이 중함을 알기에
길이 험함을 알기에
여정이 아득함을 알기에

목청 높여 소리 질러
스스로 마음 다잡으며
오늘도 쉬지 않고
삶의 바퀴를 굴린다

의자

그도 처음엔
가려 앉히고 싶지 않았을까
한데 세상에서 외면당한 누군가가
모퉁이 저편에서 외로움에 떠는 걸
어쩌다 마주 본 건 아닐까

그도 혹시
무게를 느끼지 않았을까
한데 천만 근 삶의 무게도
누군가 응원의 손길로
새털처럼 가벼워지는 걸
우연히 경험한 건 아닐까

그도 어쩌면
춥고 덥지 않았을까
그러다 어느 날
견디는 게 삶이라는 걸
문득 깨달은 건 아닐까

그도 때로는
혼자 쉬고 싶지 않았을까
그러다 순간

서로 등 기대면
마음까지 포근해지는 걸
그만 눈치 챈 건 아닐까

그날엔

그날엔 몰랐네
내일이 어떨지를

운명의 수레바퀴

낮았다 높아지고, 높았다 낮아지고
오늘도 쉬지 않고 바퀴는 돌아가고

왼쪽에서 오른쪽, 오른쪽에서 왼쪽
지금도 시시각각 좌우 뒤바뀌고

엊그제 쩌렁쩌렁 호령한 자
오늘은 무릎 꿇고 머리 조아리고

멈추지 않는 운명의 수레바퀴
그걸 두어 번 타본 사람은 알지
높다고 으스대지 말고
낮아도 희망 품어야 하는
돌고 도는 세상 이치를

계단

세상이 흐리면
한 발짝 오르네
지혜의 계단을

마음이 탁하면
한 발짝 오르네
양심의 계단을

두려움이 서성대면
한 발짝 오르네
용기의 계단을

절망이 스며들면
한 발짝 오르네
희망의 계단을

세상이 메마르면
한 발짝 오르네
사랑의 계단을

작은 한 발짝
얕은 계단도
딛고 디디면
조금은 높아지니

태어남을 축하해

우렁차게 세상으로 나왔지
새근새근 숨소리로
너의 존재를 선포했고

너는 자라며 알았지
따스한 봄볕
순간 찬바람 되고
가슴 아린 기억도
한 조각 세월에 묻힌다는 걸

그래도
희망을 품고 꿈을 꾸며
여기까지 왔지
폭풍우 몰아치고
두려움 가로막아도
너는 여전히 너였지

너로 태어났으니
너로 살아봐
더 큰 희망을 품고
더 큰 용기로 내딛고

축하해, 너의 태어남을!

작품해설

시 쓰기를 통한 아포리아(aporia) 넘어서기

박 남 희 (시인, 문학평론가)

시 쓰기를 통한 아포리아(aporia) 넘어서기

박 남 희 (시인, 문학평론가)

1. 깨달음으로서의 시와 시적 아포리즘

'나는 시를 왜 쓰는가?' 하는 질문은 시를 쓰는 이들이 종종 마주 서게 되는 거울과 같은 명제이다. 이러한 질문에 대한 대답은 각자 다를 수밖에 없다. 어떤 이는 자신의 실존적 삶의 한 방편으로 시를 쓰기도 하고 어떤 이는 사회의 부조리를 폭로하거나 비판하기 위한 도구로 시를 쓰기도 한다. 중국 당나라 시대의 대표적인 시인인 이백과 두보 역시 당 현종의 부패한 정치와 '안사의 난'으로 피폐해져 가던 민중들의 삶을 시로 표현한 바 있다. 이백이 낭만적이고 호쾌한 기백을 시로 표현하였다면 두보는 당대 민중들의 비참한 생활상을 지극히 현실적인 관점에서 그리고 있다. 이들보다 훨씬 앞선 시대를 살았던 공자는 누구보다도 시를 사랑하고 시의 중요성을 강조했던 사람이다. 공자의 시관은 주로 『논어』에 기록되어 있는데, 양화편에서 공자는 "너희들은 왜 시를 배우지 않느냐? 시는 그로써 깨어 일어날 수 있고 살필 수 있고 어울릴 수 있으며 원망할 수 있다. 또 가깝게는 아버지를 섬기고 멀리로는 임금을 섬기며 새와 짐승과 풀과 나무의 이름도 많이 알게 된다."고 하여 시를 통해 얻게 되는 참된 가치를 구체적으로 나열하고 있다.

필자가 이 글의 서두에서 시를 쓰는 목적과 효용성을 거론하는 것은 이 글의 텍스트인 신동열 시인의 시와 시관을 피력하는 데에 이들의 시관이 유용하기 때문이다. 신동열 시인은 이 시집의 서문 격인 〈시인의 말〉에서 "사람은 시로 깨어나고, 예로 바로 서고, 음악으로 완성된다"는 공자의 말을 원용하여 "글은 육체 안에 잠자는 영혼을 깨우는 알람이다"는 효용론적 시관을 강조하고 있다. 이러한 시인의 시관은 본질적으로 시를 삶에 대한 새로운 각성과 깨달음을 위한 표현 매체로 인식하는 태도이다. 실제로 그의 시편들을 살펴보아도 이러한 양상은 구체적으로 감지된다.

> 한때는 무성했으리라
> 넉넉한 그림자 드리워
> 지친 삶 쉬게 하고
> 어린 열매 다칠까
> 노심초사 보듬었으리라
>
> 한때는 다정했으리라
> 또래 친구 옹기종기 모여
> 가지 스치는 바람에 깔깔대고
> 세상 고요히 잠든 밤에는

손가락 모아 별도 헤아렸으리라

어쩌다 홀로 남았으리라
친구 하나둘 바람에 날리고
친구 셋 넷 땅으로 떨어져
외로이 걸터앉았으리라

덜렁 매달린 잎새 하나를
무심히 절망이라 부르지 마라
딱지가 져야 새살이 돋고
잎이 대지로 내려앉아야
새싹이 고개를 내미니

—「마지막 잎새」 전문

시인은 나무의 생애를 인간의 삶에 유추하여 서술하고 있다. 1연은 인간으로 치면 어린아이를 낳고 기르던 젊은 시절의 삶을 '한때의 무성한 삶'으로 표현하고 있다. 2연은 또래 친구들과 다정하게 놀던 한때의 삶을, 3연은 가족과 친구들이 하나씩 자신의 곁을 떠나는 노년의 삶을 그리고 있다. 어쩌다 홀로 남아 "친구 하나둘 바람에 날리고/친구 셋 넷 땅으로 떨어져/외로이 걸터 앉"는 쓸쓸한 낙엽의 모습은 언뜻 보면 절망적 상황을 생각하게 하지만, 시인은 이 시의 마지막 연에서 "덜렁 매달린 잎새 하나를/무심히 절망이라 부르지 마라/딱지가 져야 새살이 돋고/잎이 대지로 내려앉아야/새싹이 고개를 내미니"라고 하여, 삶에 대한 새로운 깨달음을 강조하고 있다. 나무를 인간의 은유로 사용하는 예는 다른 시인들의 시에서도 쉽게 찾아볼 수 있을 만큼 보편성이 있다. 그의 또 다른 시 「시인과 나무」에서 시인은 나무를 시인의 은유로 보고, 나무가 인간에게

"가지에 걸터앉은 구름과 세상 얘기/밤하늘 아롱대는 별과 우주 얘기//봄 여름 가을 겨울 사계의 얘기/희로애락 생로병사 인간의 얘기들"까지 들려주는 시인과 같은 존재임을 진술하고 있다. 하지만 인간이 시에서 느끼는 가치는 사람마다 다를 수밖에 없다. 다음의 시를 읽어보자.

매미가 나뭇가지를 떠나
창가에서 목청을 높인다

아랫집 누구는
한밤중 잠을 설친다며
서둘러 창문을 닫고

윗집 누구는
짧은 삶이 구슬프다며
슬며시 마음을 연다

닫는 자와 여는 자
같은 노랫말도
사뭇 다른 곡이 된다

—「열고 닫고」 전문

하늘이 유난히
고운 날이 있다
어제 그 하늘이지만
마음이 고와진 까닭이다

하늘 흐려도
세상이 맑은 날이 있다
마음의 찌꺼기
씻겨 내려간 까닭이다

하늘 푸르러도
마음은 흐린 날이 있다
영혼의 불순물
푸름을 가린 탓이다

하늘이 맑아도
마음은 탁한 날이 있다
웅크린 심술
청명함을 덮은 탓이다

—「마음의 창」 전문

첫 번째 시 「열고 닫고」는 매미의 울음을 대하는 인간의 서로 다른 마음 상태를 보여준다. 아랫집의 누구는 한밤중 잠을 설칠까 봐 창문을 닫지만, 윗집 누구는 매미의 짧은 삶이 슬프다고 마음을 연다. 여기서 매미를 시인의 은유로 읽는다면, 이 시는 시를 대하는 인간의 상반된 두 가지 태도를 보여주는 메타시가 된다. 이러한 태도의 차이는 각자가 가지고 있는 마음가짐의 차이에서 유래한다. 아래의 시 「마음의 창」은 인간이 세상을 바라보는 마음 상태에 따라 그 세상이 다르게 보일 수 있음을 이야기하고 있다. 마음이 맑으면 하늘이 흐려도 세상이 맑게 보인다. 그런 관점에서 위의 시들은 불교에서 말하는 일체유심조(一切唯心造) 사상과도 상통한다. 이러한 시들을 통해서 시인이 강조하고 있는 것은 인간의 마음가짐이다. 우리가 쓰는 시들이 마음의 그림이라면 시인에게 있어서 이러한 마음가짐은 더욱 중요한 덕목이 된다.

2. 친자연적 시관과 탈중심주의

세상을 살다 보면 인간은 병에 걸리거나 뜻하지 않은 불행을 겪게 되기도 한다. 이러한 일들은 우연히 들이닥칠 때도 있지만 대부분은 인간의 생활 태도나 마음가짐과 무관하지 않다. 단적으로 말하면 인간중심주의적 삶이 자연도 해치고 궁극적으로는 인간의 삶도 피폐하게 만든다. 앞에서 살펴보았듯이 시인의 시관이 본질적으로 효용론에 바탕을 둔 아포리즘적 시관이지만, 그것이 외적인 것에 한정되어 있지 않고 시인 자신의 내면으로 향하고 있다는 점은 고무적이다. 그런데 시인이 지향하는 마음의 지향점은 자연이다. 특히 시인은 물이나 바람처럼 사는 것에서 삶의 지혜를 얻고 있다. 노자는 일찍이 상선약수(上善若水)라는 말로, 최고의 선을 물에서 찾은 바 있다. 신동열 시인 역시 같은 맥락의 시를 쓰고 있다.

부딪쳐도
상처 주지 않고
낮은 곳
외면하지 않고

너에게 맞춰도
나를 잃지 않고
나로 살아도
나만 고집하지 않고

올려다보지 않고
낮은 데로 흐르고
흐려지면 고요해

스스로 맑아지고

고개 치켜들고
시비로 가르며
나만 옳다는 세상
가끔은 물처럼

—「물처럼」 전문

자연에 존재하는 사물 중에서 물처럼 자연의 속성을 적절하게 드러내 보여주는 것은 거의 없다. 자연이 존재하기 위한 조건으로 물은 공기와 더불어 가장 중요한 요소로 손꼽힌다. 시인은 물의 이러한 속성을 정확하게 꿰뚫어 보고 그것을 시로 쓴다. "부딪쳐도/상처 주지 않고/낮은 곳/외면하지 않고//올려다보지 않고/낮은 데로 흐르고/흐려지면 고요해/스스로 맑아"지는 물은 타자에게 맞춰도 자신을 잃지 않고 자신으로 살아도 자신만 고집하지 않는 유연한 삶의 지혜를 동시에 가지고 있다. 시인이 이러한 성격의 시를 쓰게 된 것은 자만하여 "고개를 치켜들고/시비로 가르며/나만 옳다는 세상"이 안타깝기 때문이다.

시인은 「바람처럼」이라는 시에서도 "가두지 않고/갇히지 않고/산 바다/가리지 않고//부드러워도/유약하지 않고/강해도/거만하지 않고//수고롭다/발길 아끼지 않고/귀찮다/한곳에 머물지 않"는 바람 이미지를 통해서 삶의 지혜를 얻고 있다.

시인이 자연을 통해서 인간의 부족한 점을 넘어서려는 노력은 인간중심주의의 한계를 인식하고 탈중심주의적 관점에서 세계를 바라보려는 태도이다. 이러한 태도는 자연과 인간을 동등한 관점에서 바라보는 장자의 만물제동(萬物齊同) 사상에 닿아있다. 이 사상은 "만물은 도(道)의 관점에서 본다면 등가(等價)"라는 것이 요체이다. 시인 역시 이러한 관점에서 시를 쓰고 있다.

피부색 왜 다르냐고
캐묻듯 따지지 않기

언어 왜 다르냐고
의아한 듯 쳐다보지 않기

생각이 왜 다르냐고
따지듯 추궁하지 않기

가는 길 왜 다르냐고
고개 저으며 되묻지 않기

신(神)이 왜 다르냐고
성내며 삿대질하지 않기

죽으면 만물이 하나고
삶은 서로 다른 것이니

—「너무 묻지 않기」 전문

우리가 사는 세상은 온갖 불평등과 편견이 존재하고 그에 따른 갈등과 분쟁이 끊이지 않는 곳이다. 인간은 각자의 커뮤니티를 형성하고 그곳에서 공동체적 삶을 영위하지만, 서로 분쟁하고 갈라서고 우열과 낮을 가리고 내외하면서 살아간다. 그리고 때때로 자신의 의사와 다른 상황에 맞닥뜨리게 되면 다르다는 것을 인정하지 않고 자신과 왜 다른지를 따져 묻게 된다. 이러한 삶의 태도의 바탕에는 이기적인 자아 중심주의가 자리하고 있다. 이것은 인간 이외의 것들을 배타적인 눈으로 바라보고 배척하거나 탄압하는 인간중심주의의 일종이다. 인간은 대부분 자신과 다른 피부색을 가졌거나 언어가 다르거나 생각이 다르면 자신과 다른 사람으로 생각하고 배타적으로 대한다. 이러한 사고방식은 인간이 자연으로부터 멀어져 문명 세계를 살아가면서 얻게 된 이기적 삶의 태도들이다. 시인은 이러한 삶의 태도를 넘어서서 태초의 순수성을 회복할 것을 제안한다.

육체에 내려앉은 먼지
나뭇잎 사이 바람이
대기로 날려버려 줄까

마음에 눌어붙은 찌꺼기
졸졸 흐르는 시냇물이
강물로 씻어내려 줄까

영혼 덮은 속세의 티끌
늦가을 회오리바람이
하늘로 감아올려 줄까

태초의 순수함
세월이란 시간을 타고
처음 시작된 그곳에서
이리 멀어졌으니

—「멀어진 순수함」 전문

구약성서에 의하면 인류의 조상인 아담과 하와가 신과

의 약속을 위반하고 에덴동산에서 쫓겨남으로써 인간은 타락하여 순수성을 잃게 된다. 성서적인 관점에서 보면 인간이 타락하기 전에는 순수성이 훼손되지 않은 상태였음을 알 수 있다. 구약성서에서 인간이 신의 명령을 거역하여 낙원인 에덴동산에서 추방당한 것은 본질적으로 자연과 멀어진 현세적 인간의 알레고리로도 읽힌다. 그리하여 시인은 인간의 순수성 회복을 자연과의 진정한 소통에서 찾고 있다. "육체에 내려앉은 먼지"나 "마음에 눌어붙은 찌꺼기" 등을 "나뭇잎 사이 바람"이나 "졸졸 흐르는 시냇물"이 씻어주리라는 발상은 시인의 탈중심적이며 친자연적인 삶의 태도에 기인한다. 시인은 자신이 회복하고 싶어하는 '태초의 순수함'이 자연 속에 있으므로 자연을 통해서 인간을 정화해야 할 필요성을 강조한다. 이것을 고대철학의 용어를 활용하여 표현하자면 '아포리아(aporia) 넘어서기로서의 자연관'이라고 말할 수 있다.

3. 아포리아(aporia) 넘어서기로서의 시 쓰기

고대 철학에서 유래한 '아포리아(aporia)'라는 용어는 '해결하기 어려운 난제'를 뜻한다. 고대 철학자인 소크라테스는 타자와의 질문과 대답을 통해 진리에 이르는 대화법으로 진리를 깨우치기 위해서 아포리아를 적극적으로 활용했다고 전해진다. 소크라테스는 어떤 사람이 자신의 무지를 깨닫는 것은 또 다른 발전이므로, 그 무지로 인해 겪게 되는 이럴 수도 저럴 수도 없는 난감한 상황, 즉 아포리아를 앎을 얻기 위해 통과해야 할 필연적 과정이라고 생각했다. 신동열 시인 역시 일련의 시들을 통해서 다양한 삶의 아포리아를 제시하고 시 쓰기를 통해서 이를 넘어서려는 노력을 보여준다. 그의 시가 본질적으로 교훈적인 포즈를 취하고 있는 것은 이 때문이다. 여기서 고대 철학자와 시인이 공히 삶의 토대로 삼고 있는 것은 '인간의 한계에 대한 성찰' 이다. 다음의 시를 읽어보자.

칠흑처럼 깜깜한 땅속
사방 세 치 공간이
그에겐 삶이자 자유였다

어느 날 불쑥 내리뻗은
인간의 탐욕이
그 자유, 그 삶을
무심히 낚아 올렸다

불판에 팽개쳐진 비운
비틀린 운명을 풀려고
그가 몸부림을 친다

처절한 몸짓을 지켜보며
인간은 나름 셈을 한다
힘이 저리 넘치니
사람 몸에도 참 좋겠다고

가혹한 운명을 마주하는
인간의 한없는 가벼움

그래도 으스대며 산다
'만물의 영장' 이라는

완장을 두른 채

—「낙지와 인간」 전문

이 시는 낙지를 잡아서 자신의 배를 채우려는 인간의 욕망과 펄 속의 자유를 잃고 뜨거운 불판의 고통 속에서 처절하게 몸부림치고 있는 낙지의 모습을 대비시켜, '만물의 영장' 이라는 인간의 허울 속에 숨어있는 잔인성을 부각하고 있다. 낙지에게는 생명이 달린 문제가 인간에게는 자신의 정력을 위한 먹거리에 지나지 않는다는 아이러니한 상황은 인간에게 분명히 새로운 성찰의 계기를 마련해준다. 이 시는 특히 인간의 탐욕이 자연을 파괴한다는 생태학적인 상상력에 닿아있다는 점에서 또 다른 의미를 지닌다. 이러한 생태학적인 상상력 역시 앞에서 언급한 탈중심주의적 사유의 틀에서 벗어나지 않는다.

오늘이 내게 묻는다
너는 누구냐고
희미한 형체
여기저기 아른대지만
그게 뭔지 아리송하다
나는 누굴까

현실이 내게 묻는다
냉엄한 벽은 넘어봤냐고
마주 봤는지 외면했는지
퍼즐들 어지럽지만
그게 잘 맞춰지지 않는다
현실이 나를 응시한다

과거가 내게 묻는다

살아온 삶에 만족하냐고
삶의 흔적들
곳곳에 널려 있지만
주저함이 고개를 내민다
어제의 거울에 내가 스친다

미래가 내게 묻는다
살아갈 날은 어떠하겠냐고
늘 내일을 꿈꾸지만
순간 답이 턱 막힌다
닦아도 희미한 거울이
불쑥 내 앞에 다가선다

—「내게 묻는다」 전문

고대 철학의 방법론이 주요 명제를 질문하고 대답하는 문답법에 있듯이, 이 시 역시 문답법의 형식을 취하고 있다. 이 시의 질문자는 인간이 아니라 '오늘', '현실'. '과거', '미래' 와 같은 시간 개념어들이다. 이 시를 통해서 우리가 알 수 있는 것은 시인이 시를 쓰는 이유 중 가장 중요한 것이 현실을 포함한 시대적 질문에 답을 하기 위한 것이라는 점이다. 여기서 시대가 질문하고 있는 명제들은 하나같이 어려운 '아포리아' 들이다. '오늘' 이 내게 질문하는 '너는 누구냐' 는 질문이나 '과거' 가 내게 묻는 '살아온 삶에 만족하냐' 는 질문이나 '미래' 가 내게 질문하는 '살아갈 날은 어떠하겠냐' 는 질문은 모두 대답하기 어려운 질문들이다. 이러한 질문에 시인이 쓰는 시들은 일종의 거울이 되어 반성적 생각의 깊이를 드러내 보여준다. 시라는 거울로 시인이 찾아낸 것들은 '개미' 나 '민들레' 나 '달팽이' 나 '하루살이' 나 '잡초' 처럼 작고 하찮은 것들이거나, 낭떠러지에 핀 꽃(「매달린 운명」)처럼 한계상황으로 내몰린 것들이거나, "오뉴월 가뭄에/쩍쩍 갈라진 논바닥처럼"(「갈라진 세상」) 갈라지고 어긋난 것들이다. 아무리 하찮은 것들에게도 저마다의 아포리아는 존재한다. 이러한 아포리아를 극복하려는 절박한 시간이 모인 것이 '하루' 이다. 이런 맥락에서 보면 이 시집의 제목인 '하루' 는 시사하는 바가 크다. 이 시집 첫머리 〈시인의 말〉처럼 '하루' 가 시인 자신의 부족함을 조금씩 채워주는 스승이 되어, 장차 더 채우고 더 흘러야 하는 물방울처럼 영롱한 시인의 탄생되기를 기원하면서 이 글을 마친다.

국립중앙도서관 출판예정도서목록(CIP)

하루 : 신동열 시집 / 지은이: 신동열. -- 서울 : 다시올, 2018
p. ; cm. -- (다시올 시선 ; 029)

ISBN 978-89-94414-83-6 03810 : ₩10000

한국 현대시[韓國現代詩]

811.7-KDC6
895.715-DDC23 CIP2018036736

 Sin Dongyeol 

다시올 시선 029

하루

초판인쇄 2018년 11월 15일
초판발행 2018년 11월 25일

출판등록 | 제310-2007-00028

지은이 | 신동열
발행인 | 김영은
펴낸곳 | 다시올

주 소 | 서울 노원구 광운로 32, 지층1호
전 화 | 031-836-5941
팩 스 | 031-855-5941
메 일 | maxim3515@naver.com

ISBN 978-89-94414-83-6 03810

정가 10,000원